Kindergarten

Math Workbook

Name: _____

Pick 8 to do:		Skip 2 pages.
☐ page 1	☐ page 5	☐ page 9
☐ page 2	☐ page 6	☐ page 10
☐ page 3	☐ page 7	
☐ page 4	☐ page 8	

Start on the square. Draw exactly 3 lines without picking up your pencil to connect all the circles.

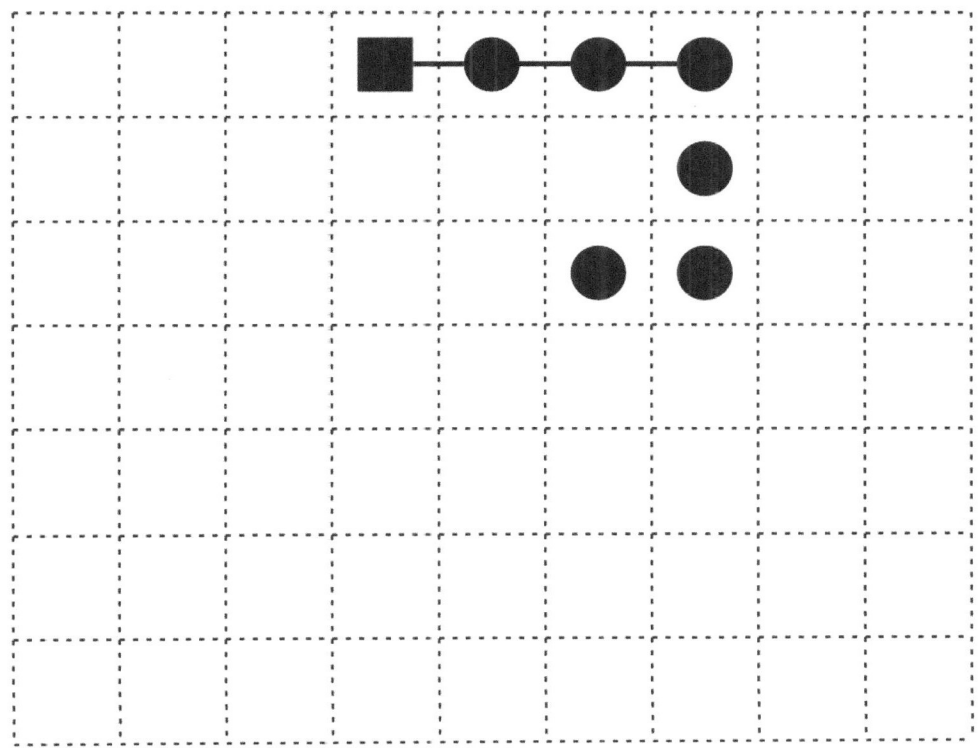

☐ I did page 1 ☐ I decided to skip this page

Name: _____

Put the Narwhals in Order
Longest Tusk to Shortest Tusk

3 1 2

Help me get to bed.

Put the Creatures in Order
• Biggest to Smallest •

3 1 2

☐ I did page 2   ☐ I decided to skip this page

Name: _____

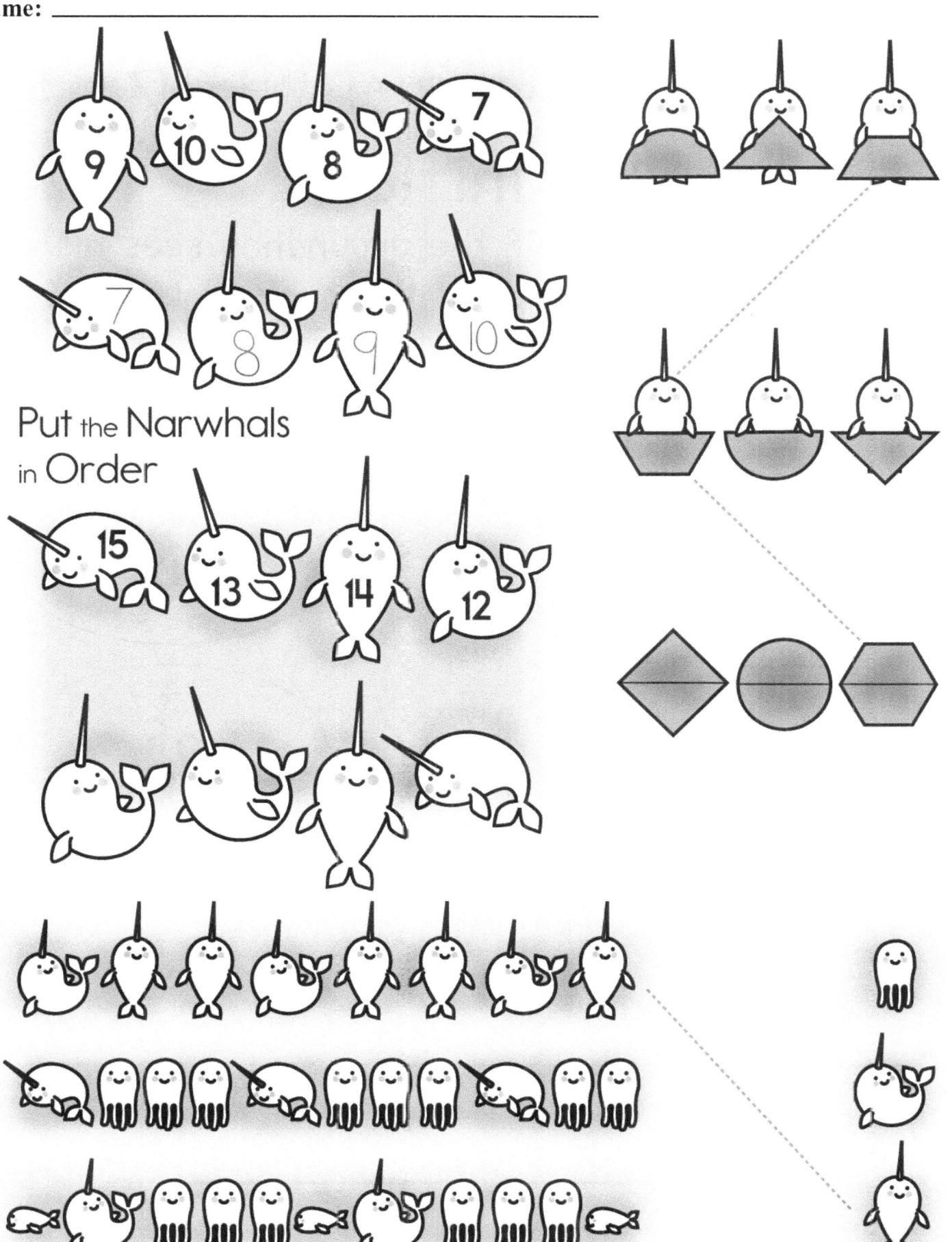

Put the Narwhals in Order

Name: _____

☐ I did page 3 ☐ I decided to skip this page

Groundhog Day
Definition

What does it mean if the groundhog sees his shadow? Put the words in the ovals in correct number order to find out!

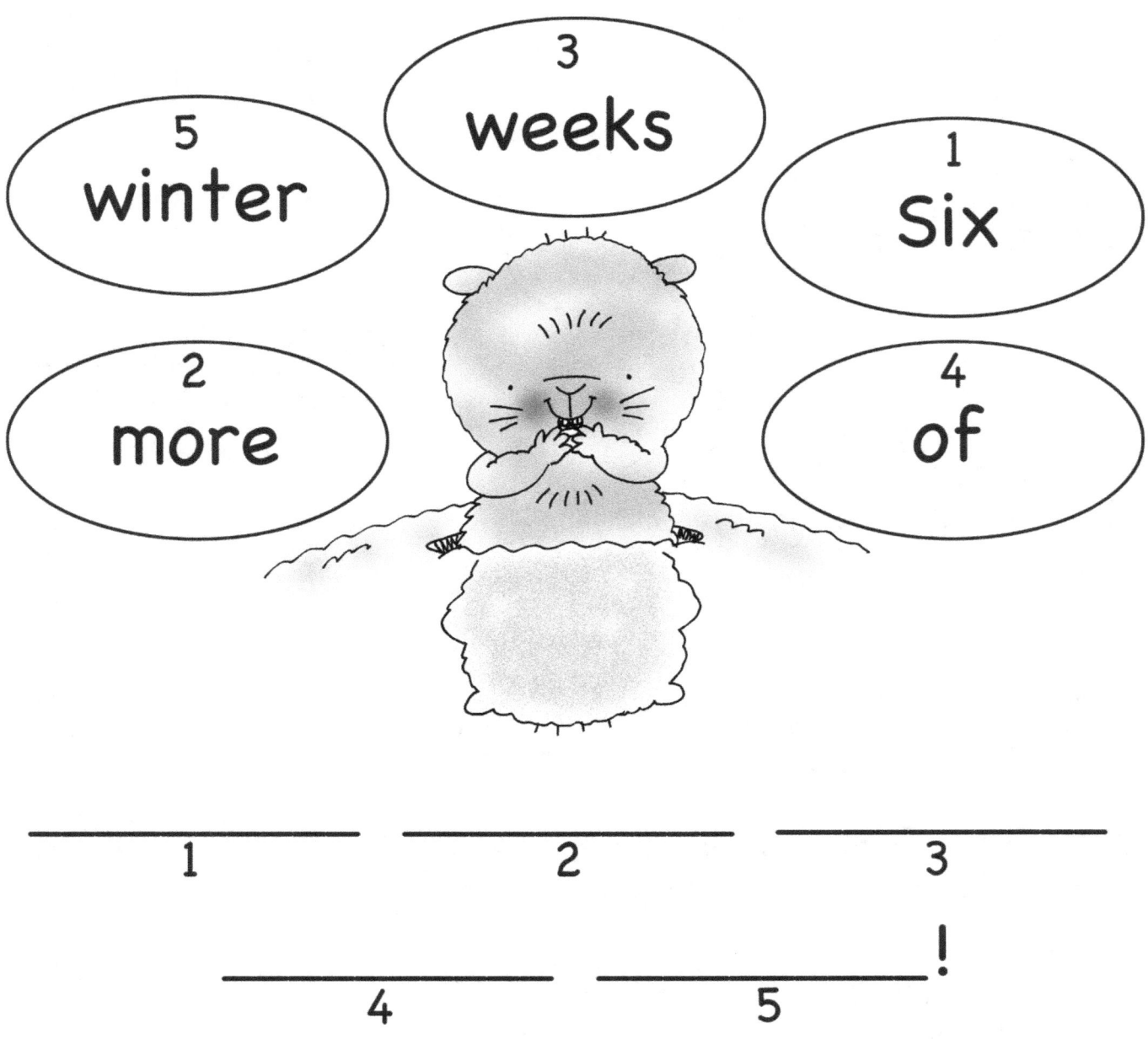

____ ____ ____
 1   2   3

____ ____!
 4   5

Ovals: 5 winter, 3 weeks, 1 Six, 2 more, 4 of

Name: _____

☐ I did page 4   ☐ I decided to skip this page

Connect the Dots

Which two are the same?

Put the letters in order:
E N J S R I C I B K O N O A
6 14 1 12 7 5 3 10 9 4 13 11 8 2

_ _ _ _ _ _ _ _ _ _ _ _ _ _
1 2 3 4 5 6 7 8 9 10 11 12 13 14

Match to Make 15

☐ I did page 5 ☐ I decided to skip this page

Name: _____
Draw the shape.

TRIANGLE

RECTANGLE

SQUARE

CIRCLE

☐ I did page 6   ☐ I decided to skip this page

Name: _____
Draw the shape.

square

circle

triangle

rectangle

7

☐ I did page 7   ☐ I decided to skip this page

Name: _____

Fraction Forms

Shade in 1/3 of each form.

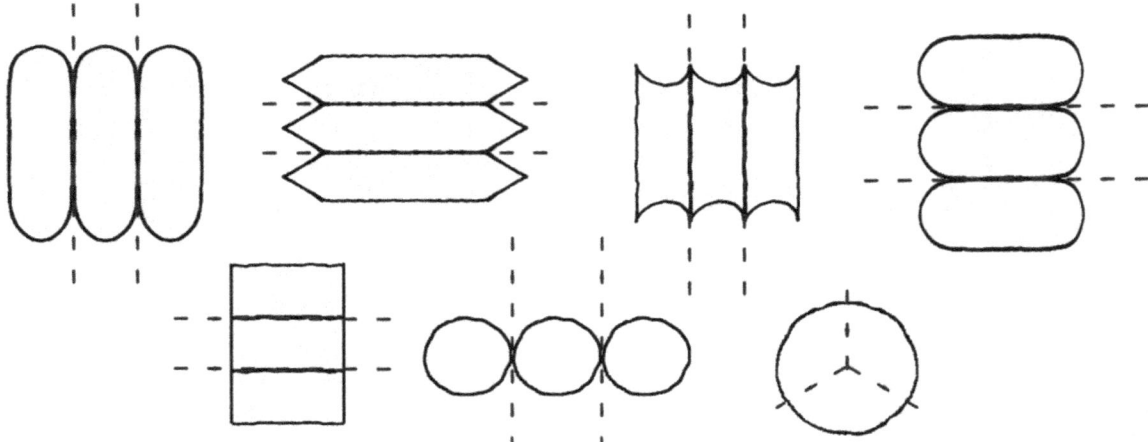

Shade in 2/3 of each form.

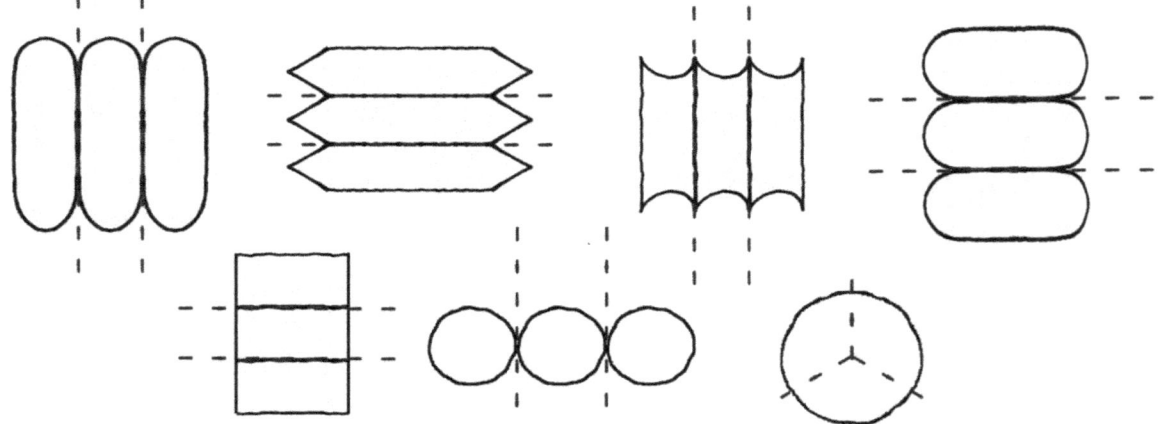

Shade in 3/3 of each form.

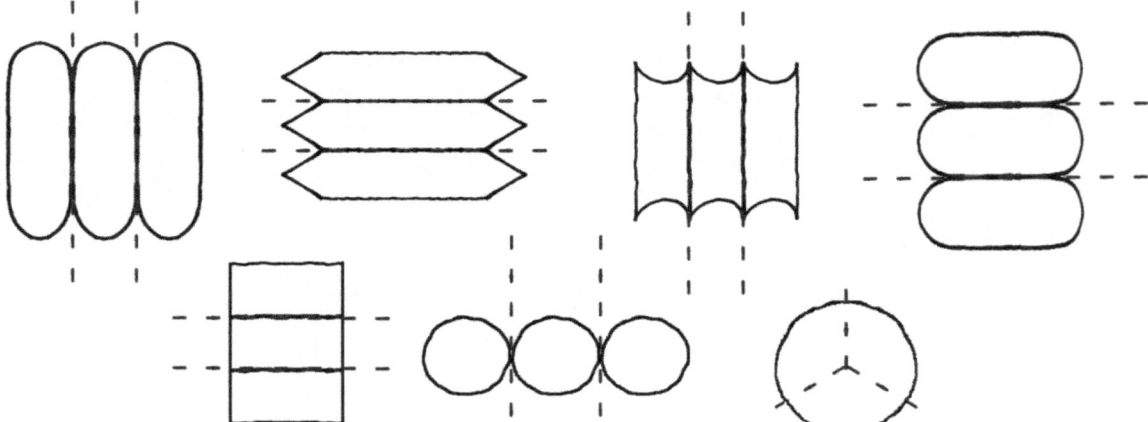

☐ I did page 8   ☐ I decided to skip this page

Name: _____

Color by Code   (Skip Counting by 5s)

5 = Blue   20 = Purple   35 = Pink
10 = Red   25 = Orange   40 = Gray
15 = Yellow   30 = Green   45 = Brown
                                50 = Black

All blank areas are your choice.

9

☐ I did page 9   ☐ I decided to skip this page

Name: _____

☐ I did page 10   ☐ I decided to skip this page

Name: _____

5 10 15 20 25 30 35 40 45 50 55 60 65
70 75 80 85 90 95

5 10 15 20 25 30

5 10 ☐ 20 ☐ 30

10 ☐ 20 ☐ 30 35

15 ☐ 25 30 ☐ 40

20 25 ☐ ☐ 40

25 30 35 ☐ ☐

30 ☐ 40 45 ☐

Name: _____

Complete each pattern, using the same rule. Write what the rule is.

7, _____, 11, 13, 15, 17

_____, _____, _____, _____, 17, 19, 21, 23, 25

11, _____, _____, 17, _____, 21, 23

Find the missing numbers. These both have the same rule. What is the rule?

If
   1 , 1 = 2
   2 , 2 = 4
   3 , 3 = 6
   4 , 4 = 8
Then
   5 , 5 = ?

If
   4 , 4 = 8
   5 , 5 = 10
   6 , 6 = 12
   7 , 7 = 14
Then
   8 , 8 = ?

Name: _____

Fill in the blanks by adding the two numbers below each hexagon.

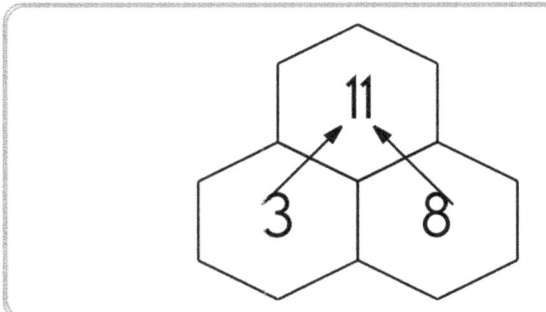 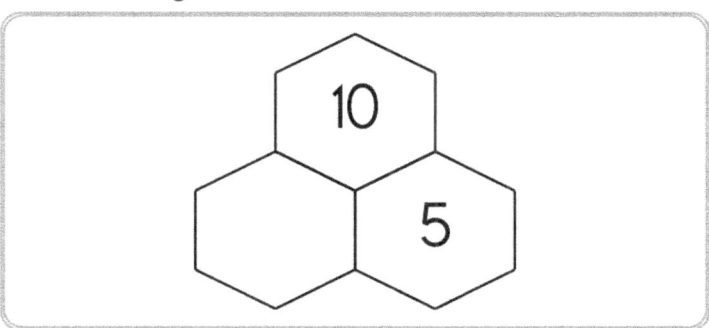

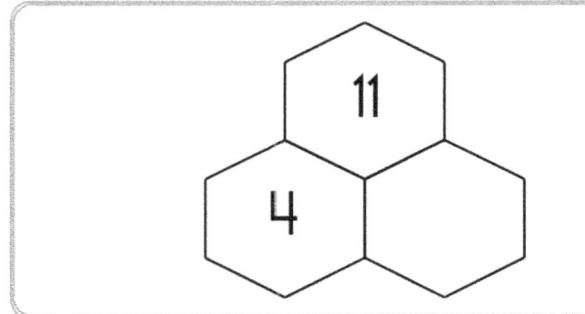 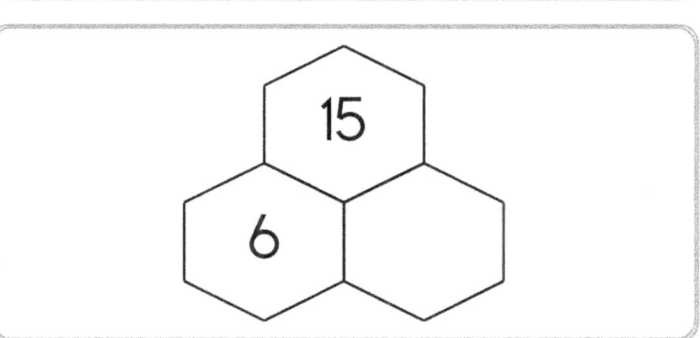

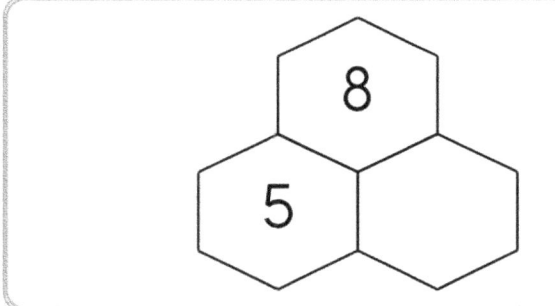 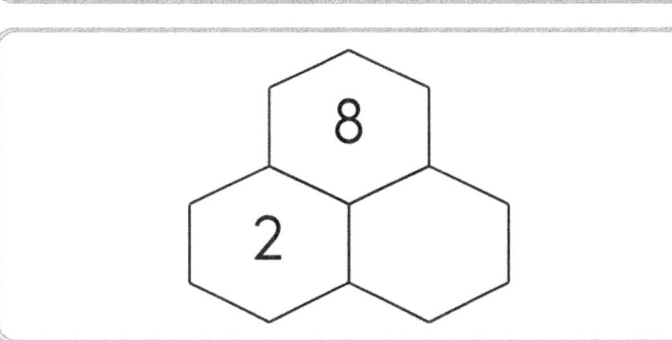

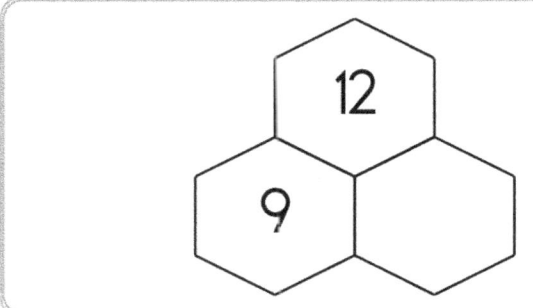 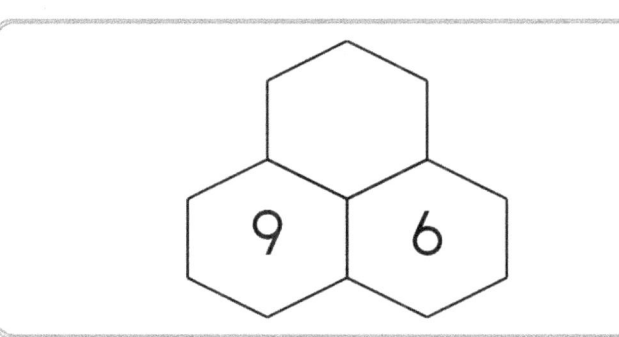

Circle all the ways to make 7.	Circle all the ways to make 12.	Circle all the ways to make 5.
2 + 4 2 + 5 4 + 3 1 + 6 5 + 1 1 + 7	3 + 9 2 + 10 3 + 8 8 + 4 5 + 5 6 + 6	2 + 2 2 + 3 4 + 1 5 + 2 3 + 1 2 + 1

word root **rupt** can mean **break**   erupt, interrupt

Name: _____

Complete the pattern.

| 5 | 10 | 15 | 20 | 25 | 30 | 35 | ___ |

| 2 | 4 | 6 | 8 | 10 | 12 | 14 | ___ |

| 3 | 6 | 9 | 12 | 15 | 18 | 21 | ___ |

| 4 | 8 | 12 | 16 | 20 | 24 | 28 | ___ |

Complete the pattern.

| 1 | 2 | 3 | 4 | 5 | 6 | ___ | ___ |

| 3 | 4 | 5 | 6 | 7 | 8 | ___ | ___ |

| 25 | 30 | 35 | 40 | 45 | 50 | ___ | ___ |

Name: _____

Complete the pattern.

[□ 12] [○ 15] [□ 18] [○ 21] [□ 24] [○ __] [□ __] [○ __]

[□ 4] [○ 6] [□ 8] [○ 10] [□ 12] [○ __] [□ __] [○ __]

[□ 8] [□ 12] [□ 16] [□ 20] [□ 24] [□ __] [□ __] [□ __]

[□ 25] [□ 30] [○ 35] [□ 40] [□ 45] [○ __] [□ __] [□ __]

Complete the pattern.

[□ 8] [□ 10] [□ 12] [□ 14] [□ 16] __ __ __

[○ 12] [○ 16] [□ 20] [○ 24] [○ 28] __ __ __

[○ 3] [□ 4] [□ 5] [○ 6] [□ 7] __ __ __

15

Name: _____

7	9	3	1	7	1	6	1	6
+ 6	+ 4	+ 7	+ 5	+ 9	+ 6	+ 6	+ 3	+ 3

7	3	2	6	2	8	9	1	5
+ 3	+ 1	+ 8	+ 2	+ 3	+ 3	+ 6	+ 8	+ 7

☐	6	5	7	4	5	7	☐	8
+ 3	+ ☐	+ 9	+ ☐	+ 6	+ 4	+ ☐	+ 7	+ ☐
7	1	☐	9	☐	☐	1	8	1

☐	☐	2	1	7	2	☐	☐	8
+ 3	+ 2	+ 7	+ ☐	+ ☐	+ 4	+ 4	+ 5	+ 4
6	3	☐	1	8	☐	8	1	☐

☐	☐	7	9	6	3	7	6	☐
+ 6	+ 1	+ ☐	+ ☐	+ ☐	+ 6	+ ☐	+ ☐	+ 7
1	9	1	1	1	☐	1	1	1

5	☐	☐	☐	4	4	☐	☐	☐
+ ☐	+ 2	+ 8	+ 5	+ 2	+ 5	+ 9	+ 7	+ 5
1	1	1	1	☐	☐	1	1	8

Name: _____

Fill in the missing numbers. How? The sum of the four surrounding numbers is in the center of each square.

Example: 90 + 40 + 50 + 3 = 183

Example: 30 + 90 + 40 + 2 = 162

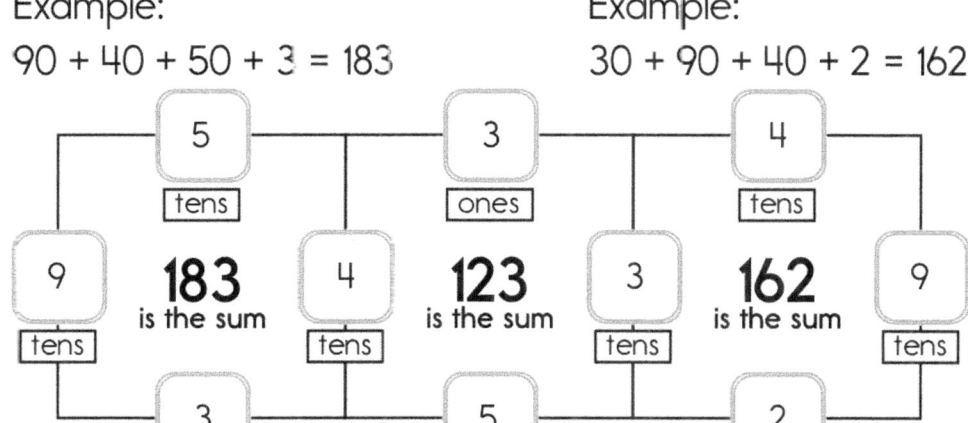

Fill in the missing numbers. How? The sum of the four surrounding numbers is in the center of each square.

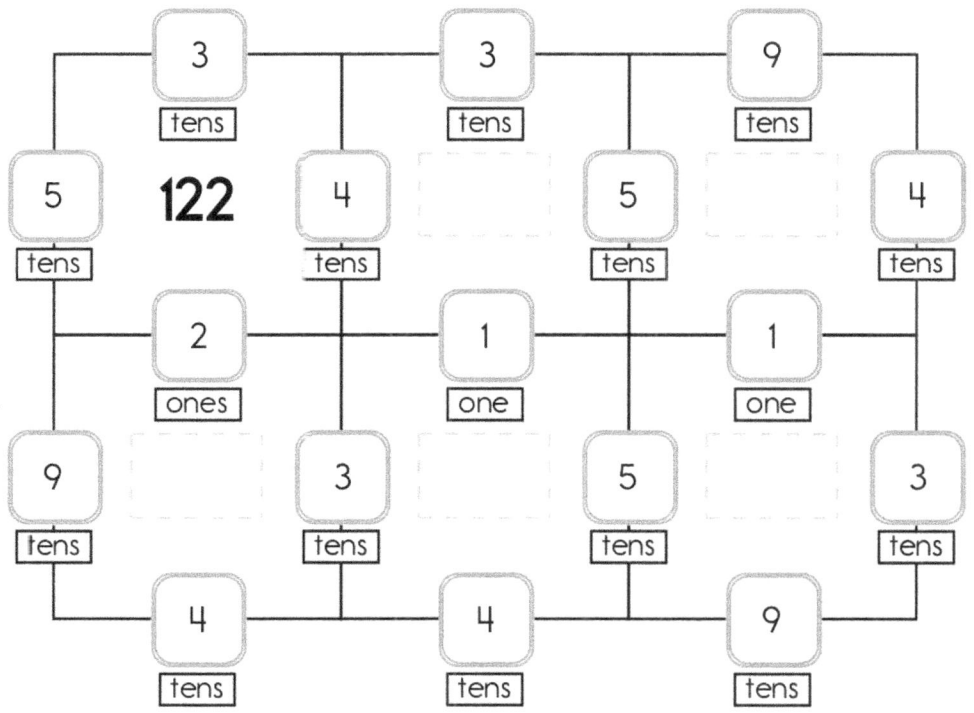

Circle the fourth number.	How much is this?	F, _____, J, L, N, P, R, T, V, X, Z
1, A, D, 7, B, 9, 7, D, B, 3, 5, D, 7, F, F, 6, B, 8, F		

word root **ab** can mean **away**   abnormal, abrupt

17

Name: _____

Add 1 or 10.

| 39 | | | 41 | | 15 | | | 27 | | 11 | |

| 45 | | 31 | | 23 | | | 34 | | | 16 | |

| 22 | | | 48 | | 37 | | 14 | | 42 | |

| 24 | | | 43 | | | 19 | | 38 | | 21 | |

Name: _____

Fill in the numbers.

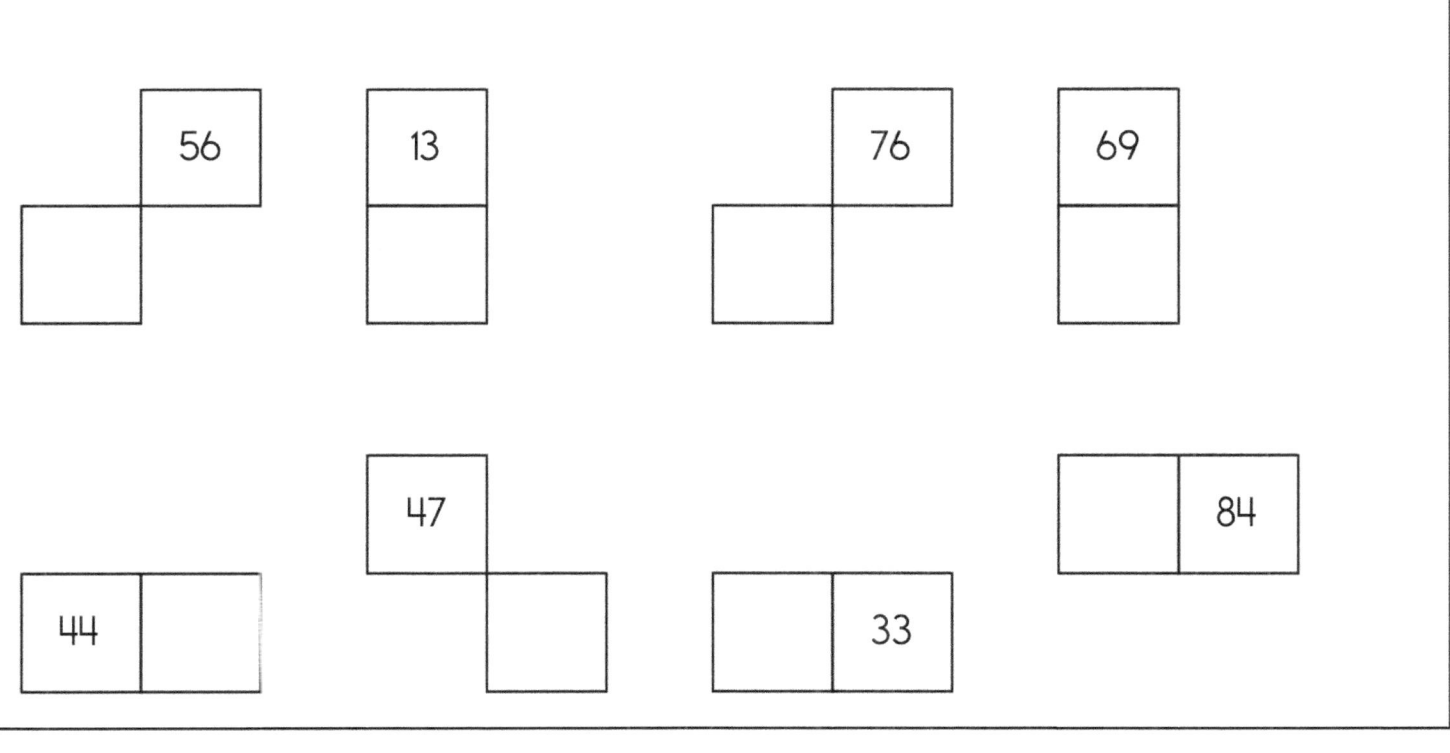

Name: _____

One letter is missing from each word.

| S | L | E | D |

| L | I | _ | N | S |

| L | O | _ | E |

| S | A | _ | D |

| W | I | S | _ |

| S | T | A | _ | T |

| S | T | A | _ |

| S | _ | O | O | D |

| E | _ | C | H |

Write your own words!

Name: _____

Solve the story using the clues. Fill in the chart using Y for yes or N for no. The pizza slices in the picture show how many slices each person ate.

	2 slices	1 slice	3 slices	4 slices
James				N By clue 1.
Brittany				N By clue 1.
Kyle				N By clue 1.
Rachel	N By clue 1.	N By clue 1.	N By clue 1.	Y By clue 1.

The Story

Four people ate pizza. Can you figure out how many slices each person ate?

The Clues

1. Rachel ate more than 3 slices of pizza.

2. James ate more than 1 slice of pizza.

3. Kyle ate less than 3 slices of pizza.

4. Brittany ate less than 3 slices of pizza.

5. Kyle ate more than 1 slice of pizza.

Name: _____

Solve the story using the clues. Fill in the chart using Y for yes or N for no.

William			
Jonathan			
Anthony			

The Story
Match the person with their picture.

The Clues
    1. Jonathan is taller than Anthony.

    2. William is taller than Jonathan.

Name: _____

Complete each pattern, using the same rule. Write what the rule is.

X, F, F, X, F, F, ___, ___, F, X, F, F

R, ___, T, ___, ___, T, R, T, T, R, T, T

Complete each pattern, using the same rule. Write what the rule is.

I, H, J, ___, ___, J, L, K, M, L, N, M

F, L, G, M, H, N, ___, ___, J, P, K, Q, L, R

J, G, K, H, L, I, ___, ___, N, K

23

Name: _____

Each row, column, and box must have the numbers 1 through 4. The first box is done.

3	2		
4	1	2	
	4		
	3	1	

Each row, column, and box must have 4 different pictures.

Name: _____

Solve the story using the clues. Fill in the chart using Y for yes or N for no.

	1	3	2
Andrew			
Thomas			
Megan			

The Story

Three kids ran a race against each other. In what order did they finish?

The Clues

1. A girl finished second.

2. Thomas was not the first place runner.

Name: _____

Cross off the letter that does NOT belong.

I, K, M, O, Q, S, U, W, X, Y

Why does _____ not belong in the pattern?

Cross off the number that does NOT belong.

7, 14, 18, 21, 28, 35, 42

Why does _____ not belong in the pattern?

Name: _____

Puzzle:

chick	gift	pot	15
pelican	snake	gift	20
pelican	pot	gift	14
10	19	20	+

Work Area:

			15
			20
			14
10	19	20	+

The sum for each column and row is given.

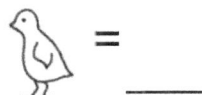 = ____   gift = ____   pelican = ____

snake = ____   pot = ____

Puzzle:

dolphin	dolphin	dolphin	0
camel	leaf	dolphin	15
cube	dolphin	camel	16
16	6	9	+

Work Area:

			0
			15
			16
16	6	9	+

The sum for each column and row is given.

leaf = ____   cube = ____   dolphin = ____

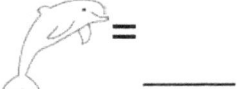 = ____

Name: _____

Each row, column, and box must have the numbers 1 through 4. The first box is done.

1	3		4
2	4	1	
4			
	1		2

Each row, column, and box must have 4 different pictures.

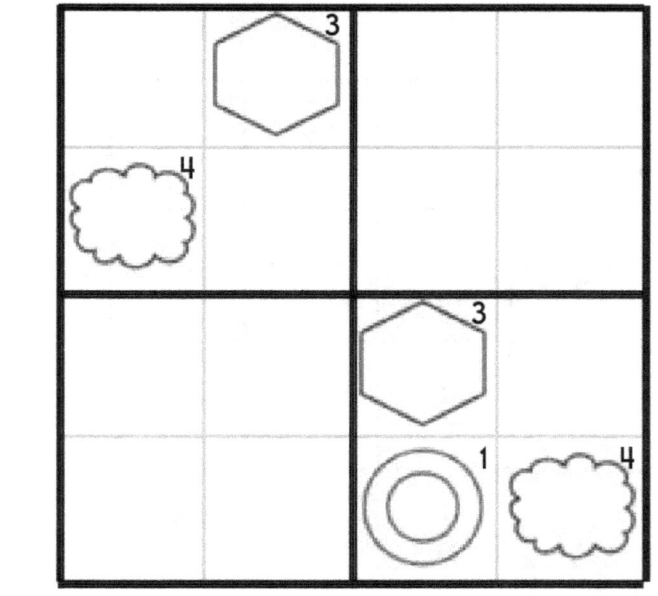

Name: _____

Sudoku Sums of 10

Each row, column, and box must have the numbers 1 through 6. Hint: Look for sudoku sums. The sum of the two boxes inside of the dashed lines is 10.

Here is an example of a sudoku sum of 10: | 6 | 4 |

			2		
4	1		6		
1	5			4	
	6				5
	4				
5			1		

19, ___, ___, ___, ___, 24, 25

9 + 2 = ___
10 + 2 = ___

16 - ___ = 13

```
  1 3
-   9
-----
```

8 + 8 + 3 = ___
8 + 8 + 4 = ___

What is ten less than 83?

Name: _____

Each row, column, and box must have the numbers 1 through 6.

			5		
3					
	4	2	5		
				3	
6			4		2
	2				

different • baby • kid • before • low • pin

Each row, column, and box must have all the words from the word list. Write in the missing words.

		baby			low
			kid		
		low			
different	pin	before	low		
					kid
baby				pin	before

Name: _____

Twenty And More...

Each group has twenty flowers. Add the single ones to them, and then write the totals.

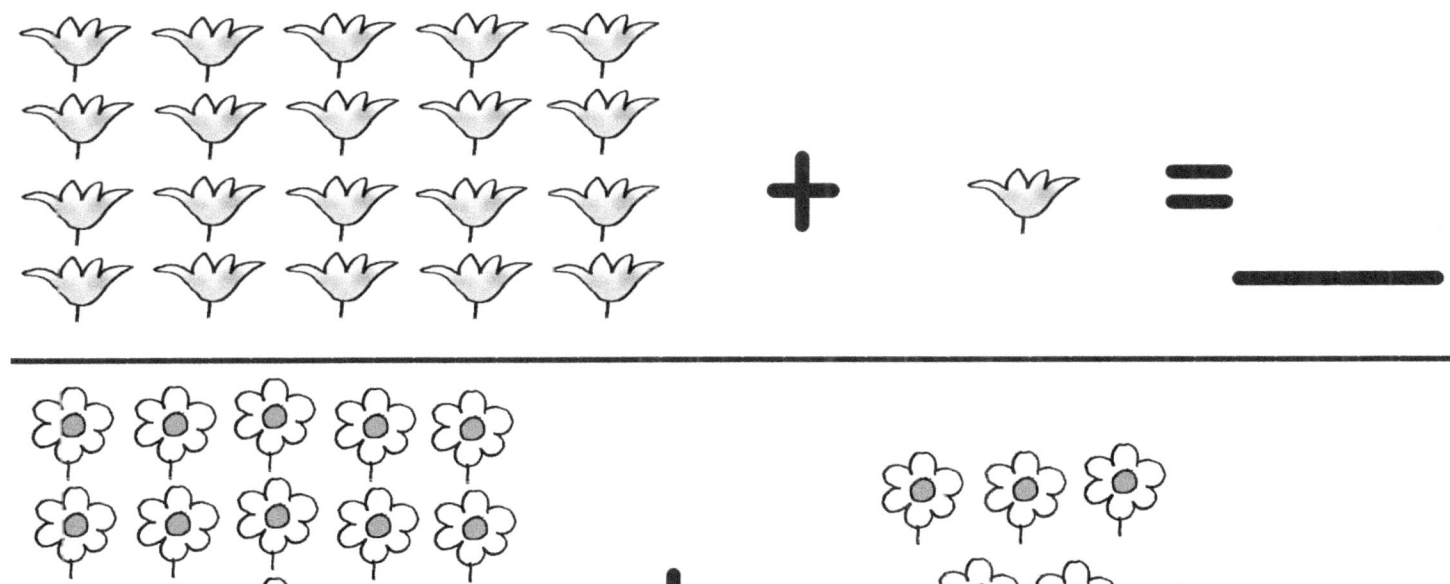

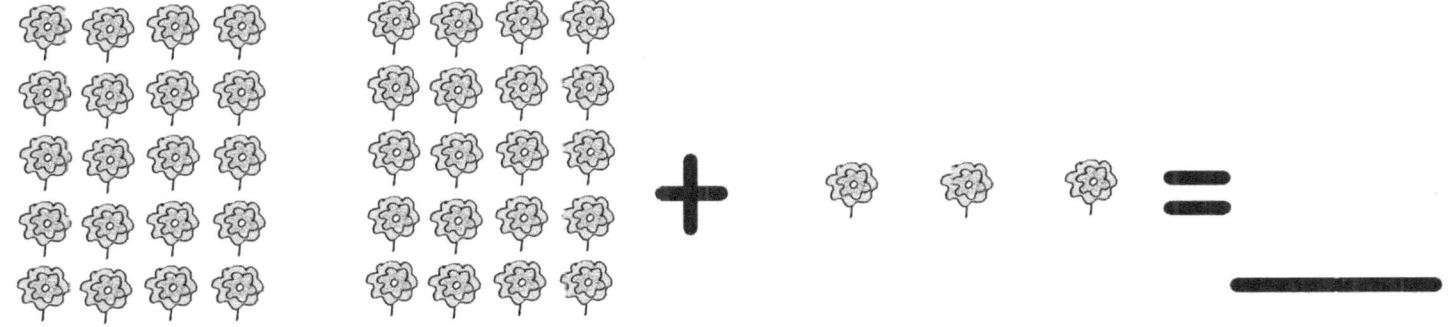

Name: ______________________________

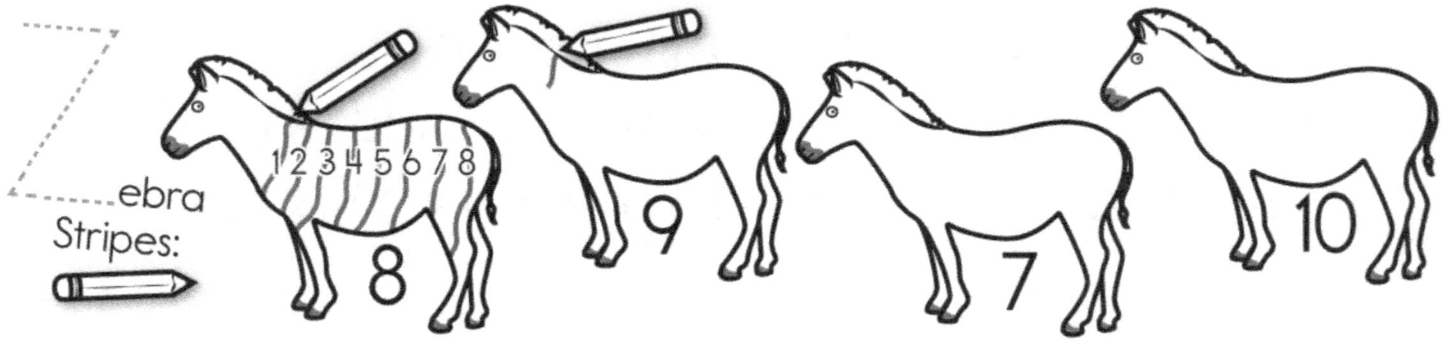
Zebra
Stripes:
12345678
8
9
7
10

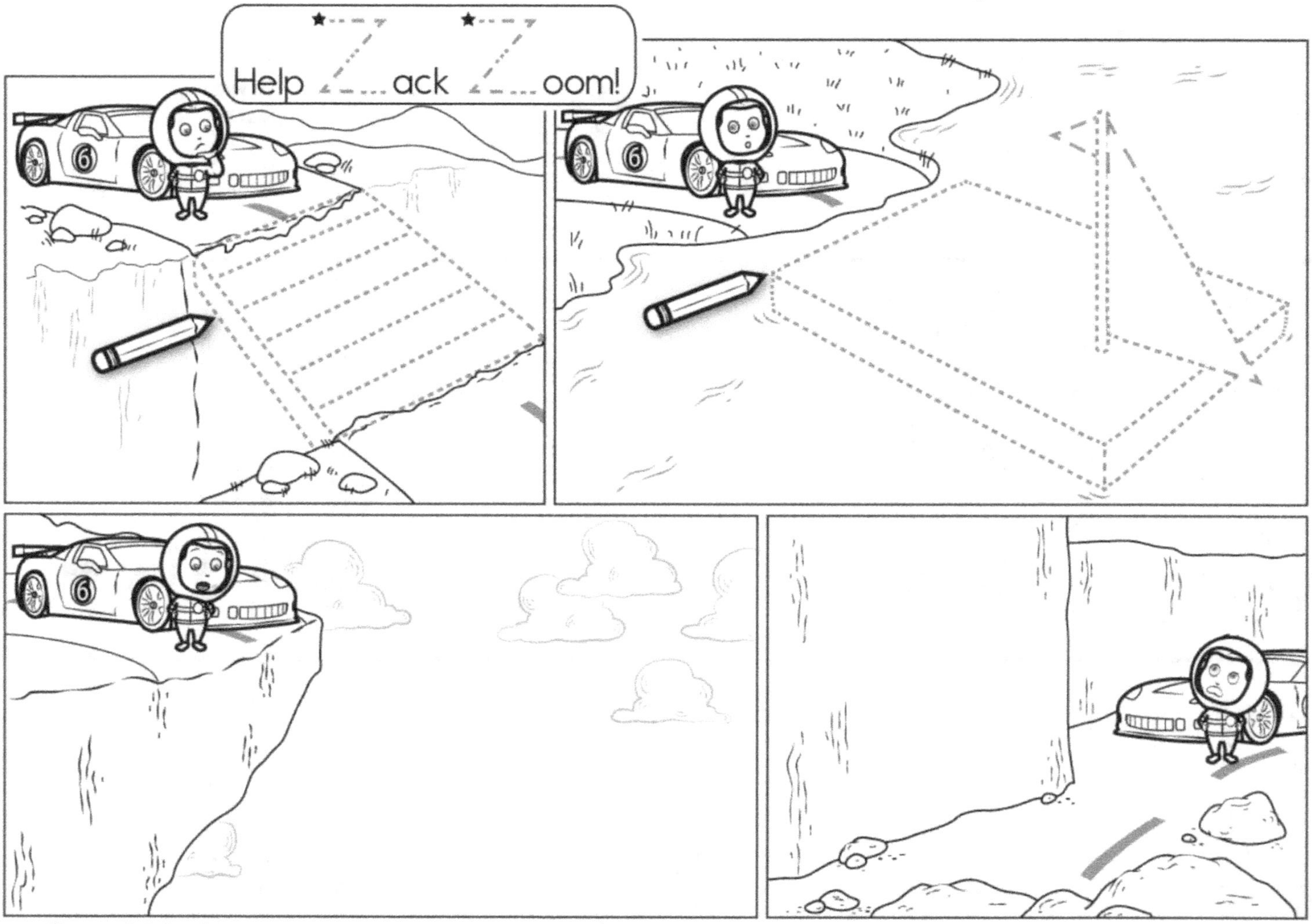
Help Zack Zoom!
6

Count & Match

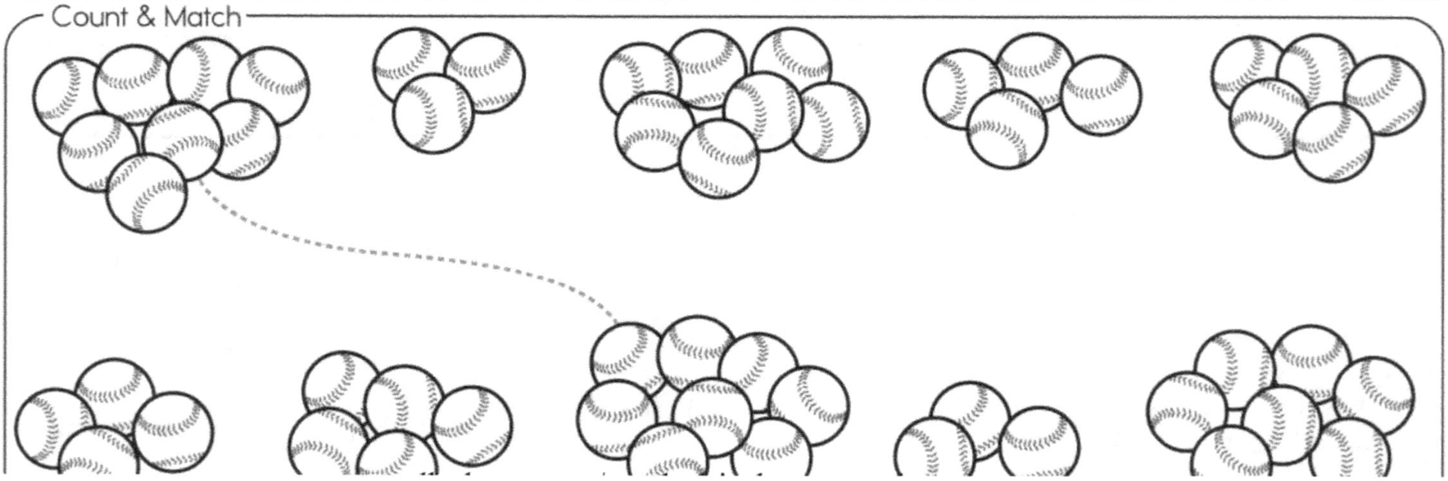

Name: _____

me

me

How many?

_____

Circle the **larger** number.

⑨   4

5   6

5   6

3   4

Print the letter U.

U

Look at the monster pattern. Draw the missing monster.

1   2   2   1   2

2   1   2   2

33

Name: _____

Color by Code (Lowercase Alphabet)

a-e = blue   f-i = gray   j-m = green

n-q = yellow   r-u = brown   v-z = red

All blank areas are your choice.

Name: _____

Measuring Liquids
Metric!

Name: _____

Fill in the Numbers

Left cone: 44, 11, 91, 36

___ < ___ < ___ < ___

7 < 16 < 24 < 71

Right cone: 71, 16, 7, 24

Lowest to Highest

Left cone: 9, 38, 85, 61

___ < ___ < ___ < ___

___ < ___ < ___ < ___

Right cone: 47, 88, 81, 85

Put in Order
Shortest to Tallest

[boxes: _ _ _ _ _]

[boxes: 3, 4, 2, 1]

[boxes: _ _ _ _]   [boxes: _ _ _ _]

Name: ______________________________

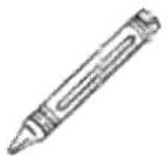

0 1 2 3 4 5 6 7 8 9

Circle the number.	Circle the number.	Circle the number.
2 2	1 ∩	1 1

2 2 2 2 2

2 2 2 2 2 2 2 2

2 2 2 2 2 2 2 2

Name: _____

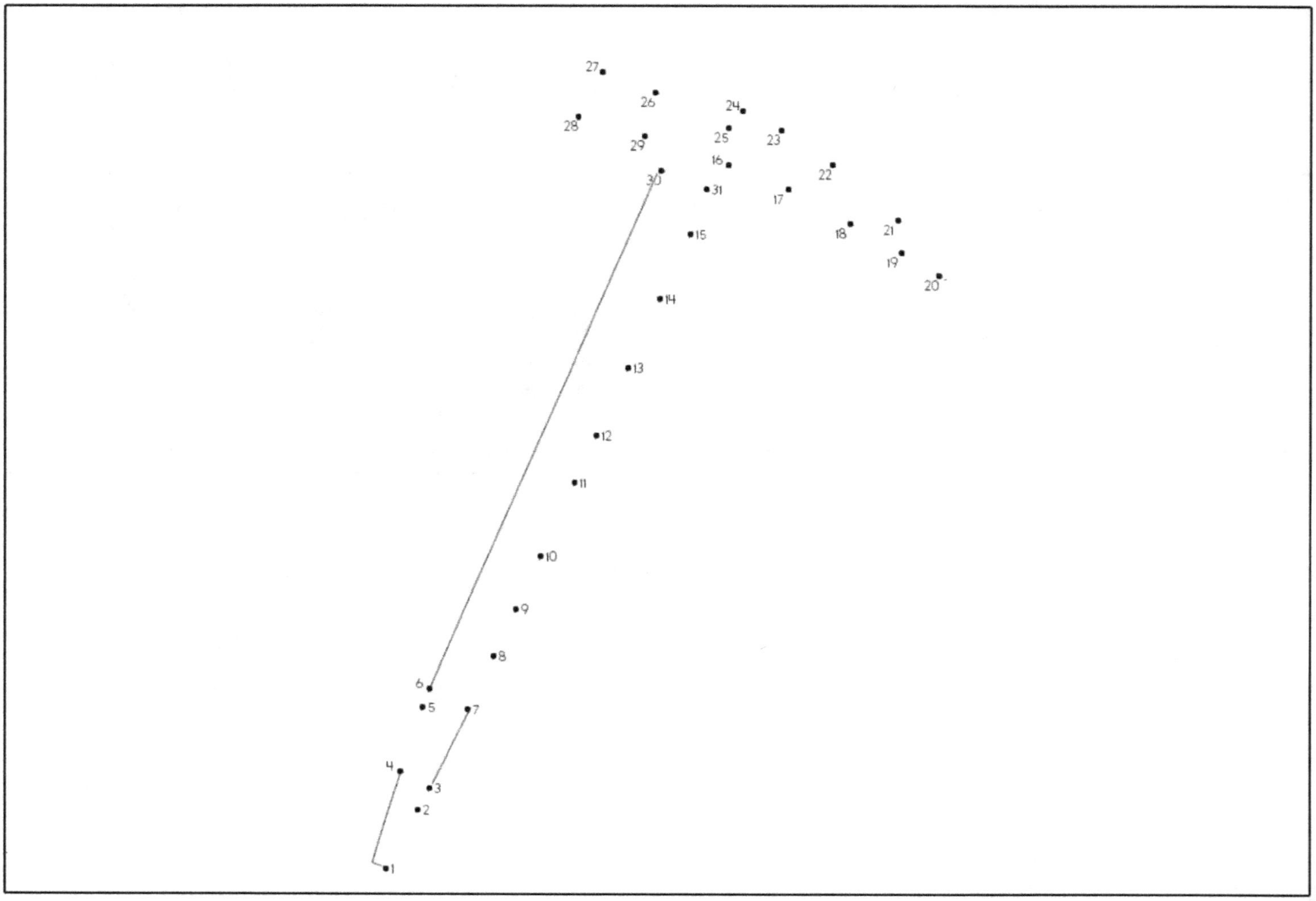

3 3 3 3 3

Name: _____

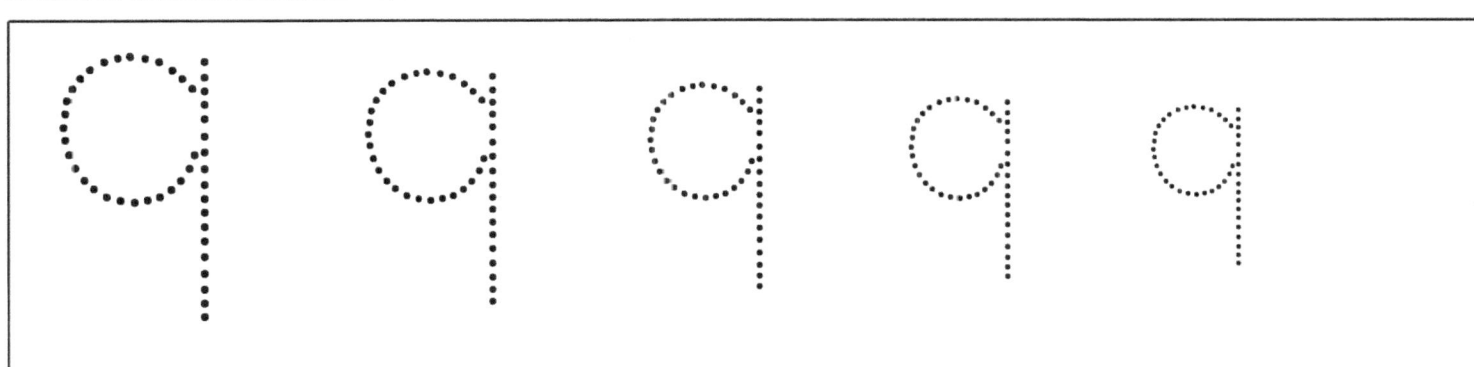

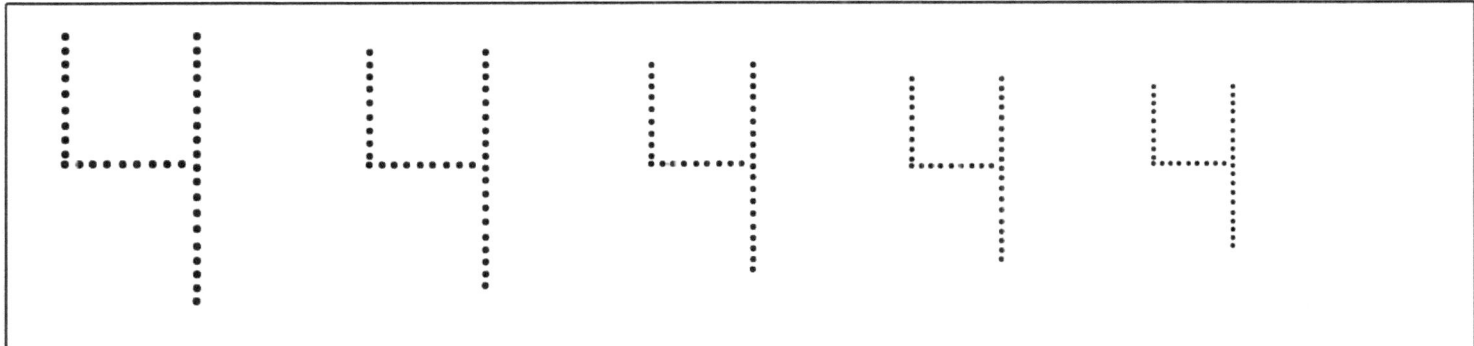

Name: _____

1	2	3	4	5	6	7	8	9	10
11	12	13	14	15	16	17	18	19	20

1	2		4	5
	7		9	
11		13	14	
16	17		19	20

Name: _____

3 5 3 5 3 5 3 5 3

1 8 1 8 1 8 = = =

6 7 6 7 6 7

5 3 5 3 5 3

2 6 2 6 2 6

2 3 2 3 2 3

7 4 7 4 7 4

Name: _____

2 + 3 = 5
7 + 8 =
5 + 9 =
6 + 6 =

4+3= 7
6+3=
2+2=

4=brown   7=pink   9= green

Circle 4 of the same.

Name: _____

Circle the two that are the same.

43

Name: _____

0 1 2 3 4 5 6 7 8 9

4 _ 6	1 _ 3
7 8 _	_ 6 7
3 4 _	_ 3 4
6 _ 8	_ 8 9
1 _ 3	3 4 _
6 7 _	2 _ 4

Name: _____

0 1 2 3 4 5 6 7 8 9

 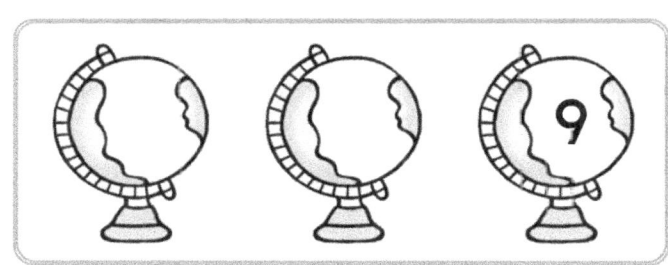

Name: _____

0 1 2 3 4 5 6 7 8 9 10 11 12 13 14 15 16 17 18 19 20

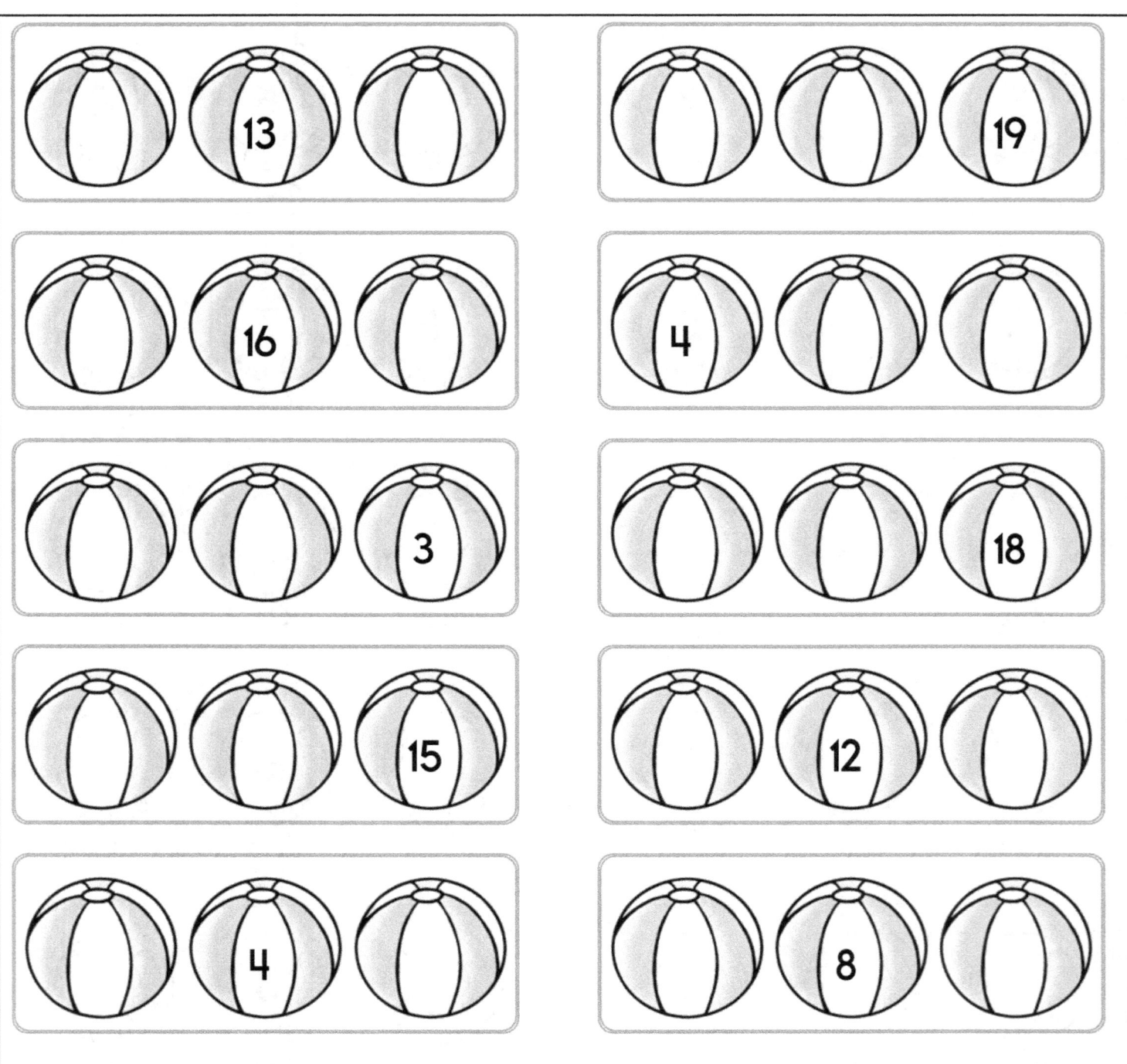

Name: _____

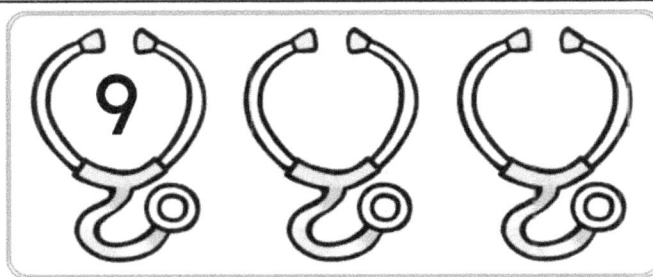

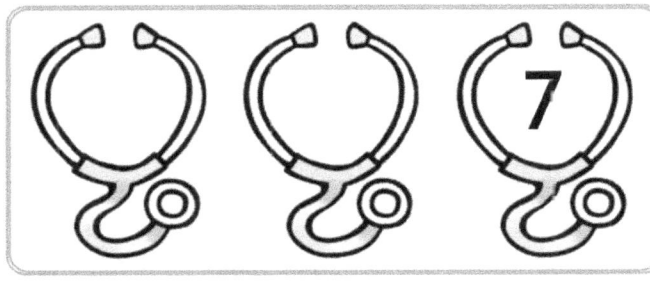

Name: _____

0 1 2 3 4 5 6 7 8 9 10 11 12 13 14 15 16 17 18 19 20

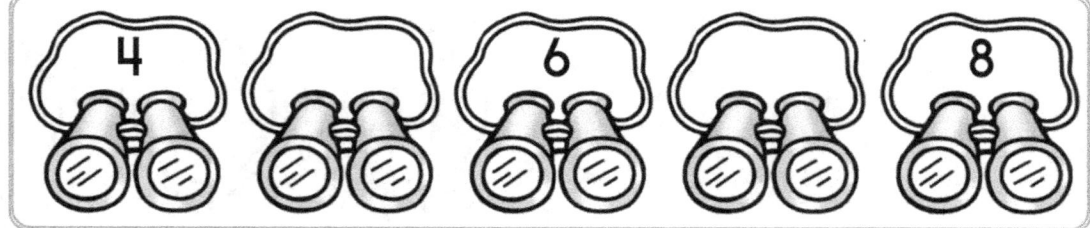

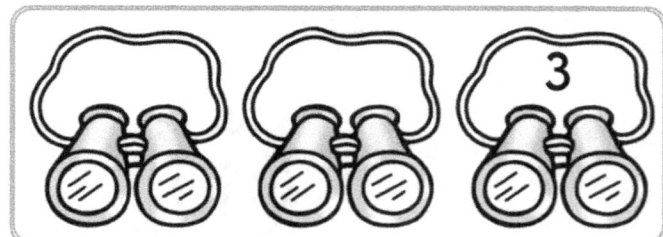

Name: _____

MEASUREMENT

Draw something that is longer or taller than the objects in each box.
(For example, a desk would be longer than a book.)

Something that is longer than:

Something that is taller than:

Something that is taller than:

Something that is longer than:

Name: _____

Name: _____

| 1 | 2 | 3 | **4** | **5** | 6 | 7 | 8 | 9 | 10 |

4 → 5

| 1 | **2** | **3** | 4 | 5 | 6 | 7 | 8 | 9 | 10 |

2 → 3

| **1** | **2** | 3 | 4 | 5 | 6 | 7 | 8 | 9 | 10 |

1 → ___

| 1 | 2 | **3** | **4** | 5 | 6 | 7 | 8 | 9 | 10 |

3 → ___

| 1 | 2 | 3 | 4 | 5 | 6 | 7 | 8 | **9** | **10** |

9 → ___

| 1 | 2 | 3 | 4 | 5 | **6** | **7** | 8 | 9 | 10 |

6 → ___

| 1 | 2 | 3 | 4 | 5 | 6 | **7** | **8** | 9 | 10 |

7 → ___

Name: _____

Shade in the space of the number that shows...

1. 5 tens and 3 ones

2. 7 tens and 0 ones

3. 6 tens and 6 ones

4. 9 tens and 9 ones

5. 5 tens and 1 ones

6. 8 tens and 5 ones

7. 9 tens and 2 ones

8. 2 tens and 8 ones

9. 1 hundreds and 0 tens and 6 ones

10. 3 hundreds and 4 tens and 7 ones

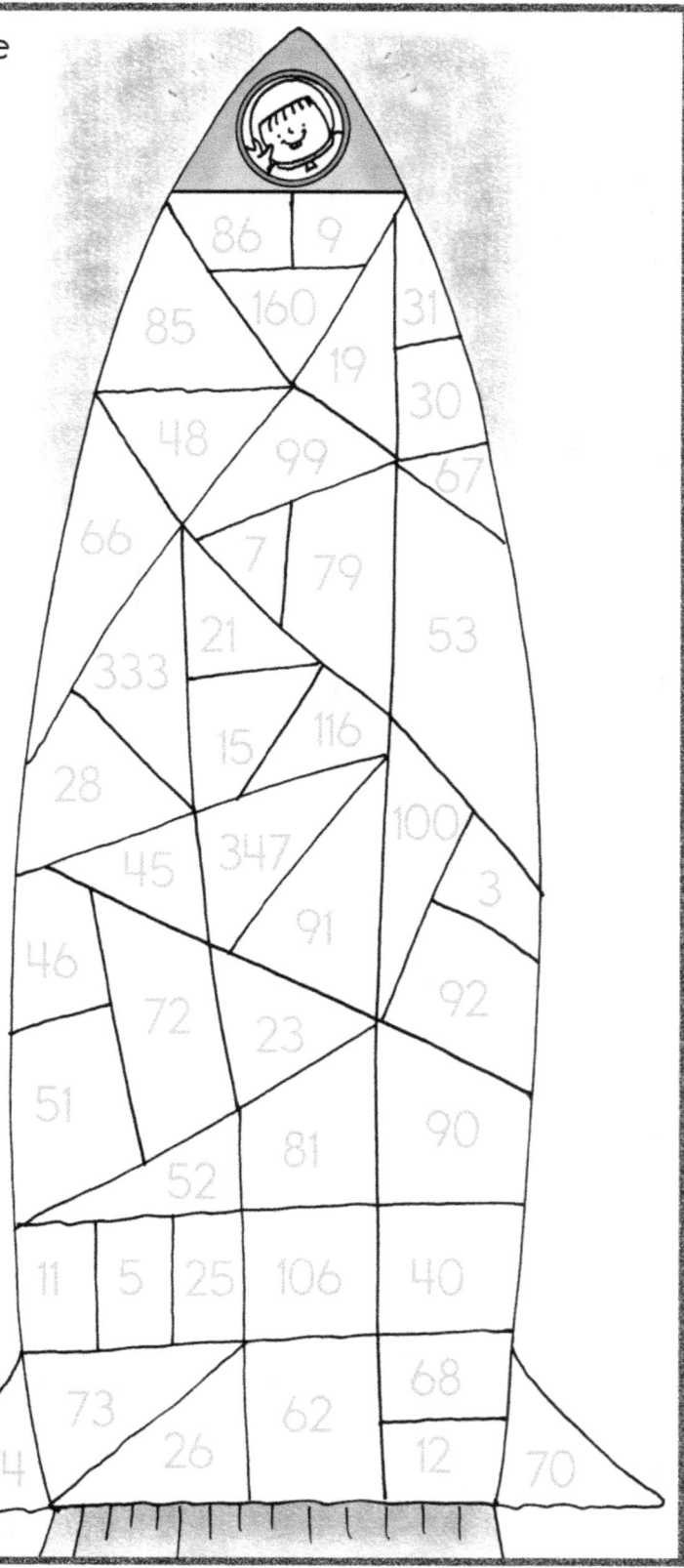

Name: _____

| 1 | 2 | 3 | 4 | 5 | 6 | 7 | **8** | **9** | 10 |

8 → 9

8 + 1 = 9

| 1 | 2 | 3 | 4 | **5** | **6** | 7 | 8 | 9 | 10 |

5 → ___

5 + 1 = ___

| 1 | 2 | 3 | 4 | **5** | **6** | 7 | 8 | 9 | 10 |

5 → ___

5 + 1 = ___

| 1 | 2 | 3 | **4** | **5** | 6 | 7 | 8 | 9 | 10 |

4 → ___

4 + 1 = ___

53

Name: _____

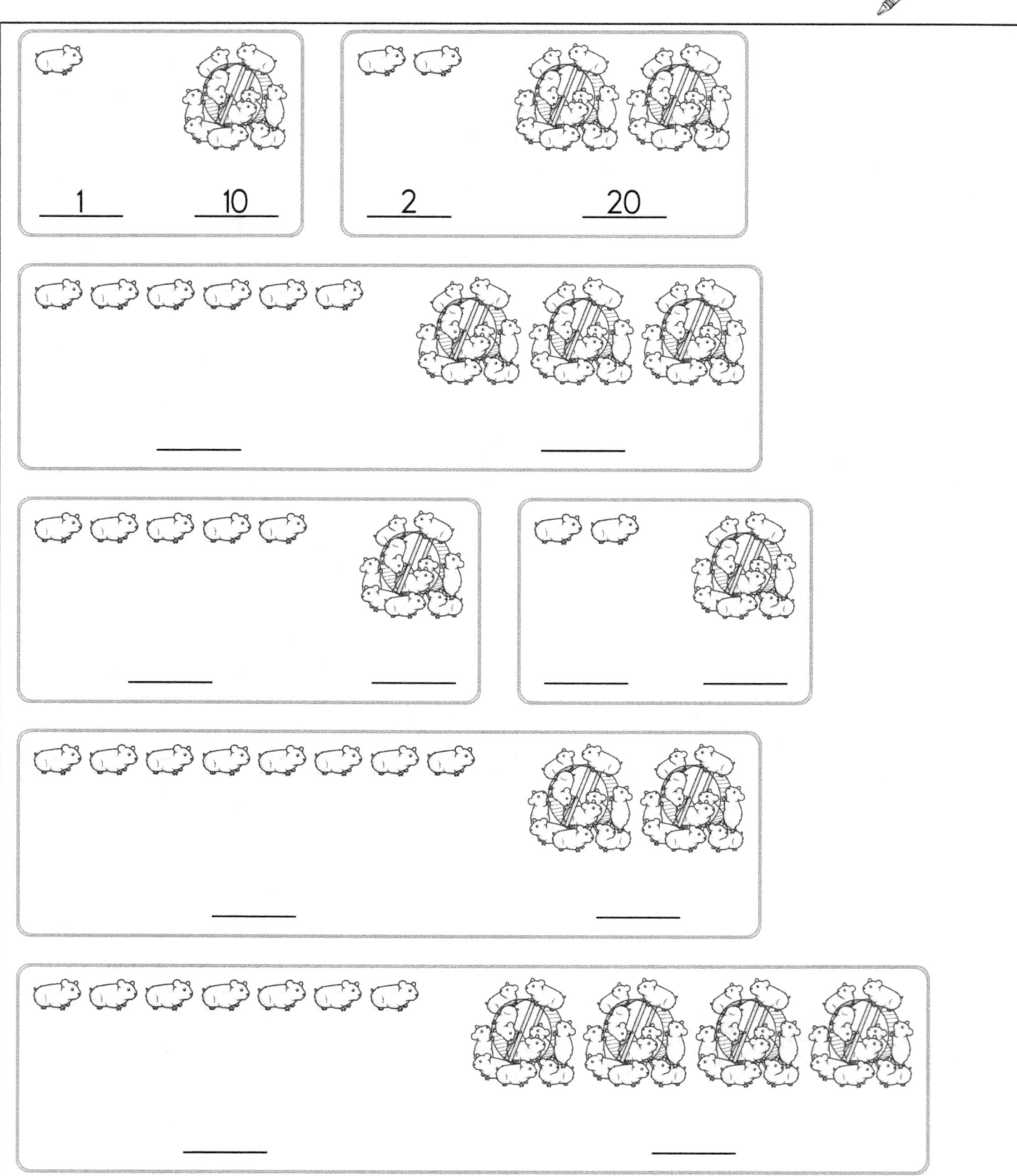

Name: _____

10   1

20   2

____   ____

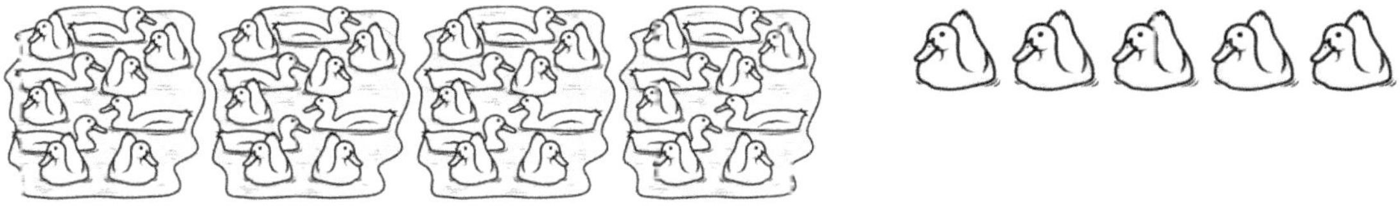

____   ____

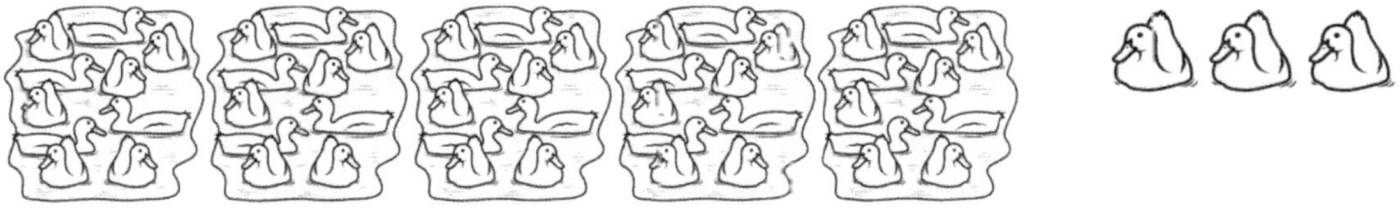

____   ____

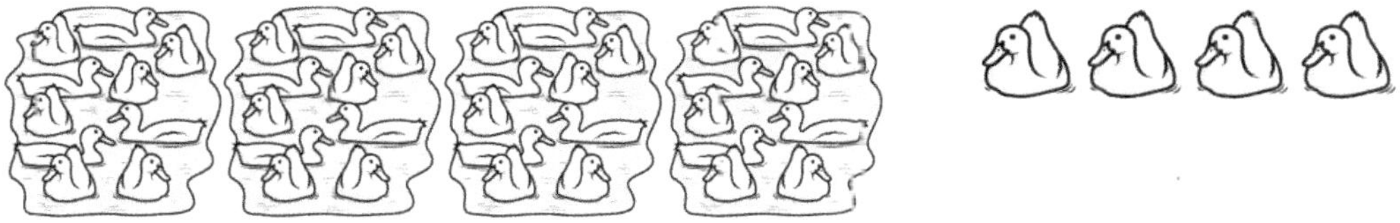

____   ____

55

Name: _____

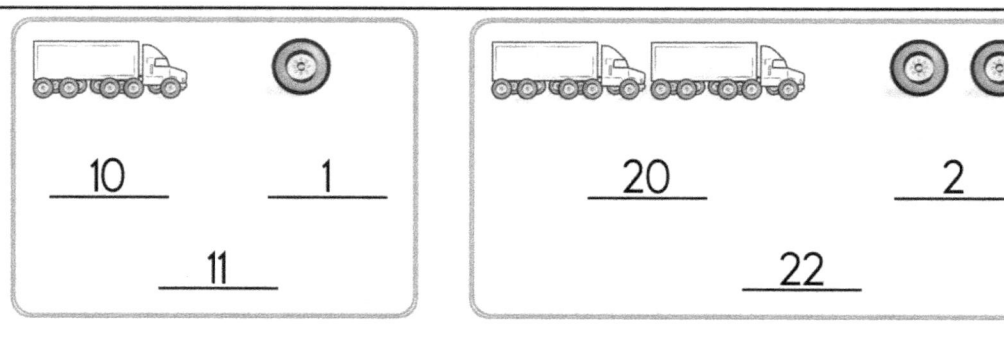

10   1

11

20   2

22

____   ____

____

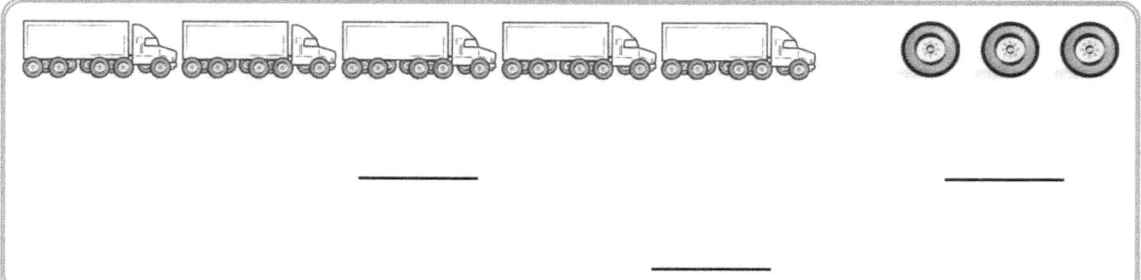

____   ____

____

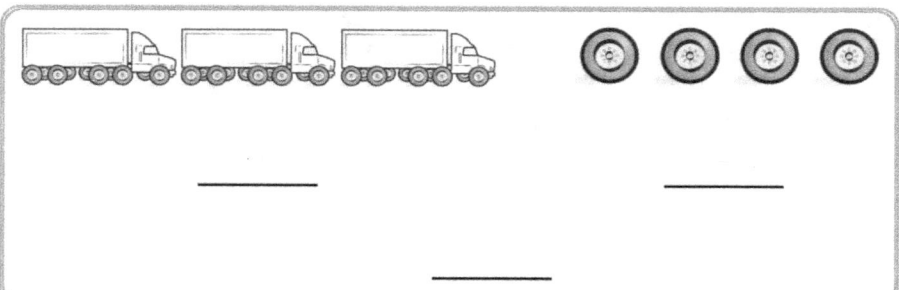

____   ____

____

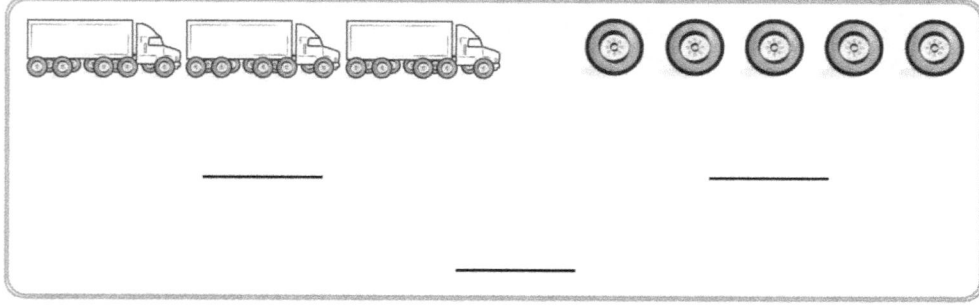

____   ____

____

Name: _____

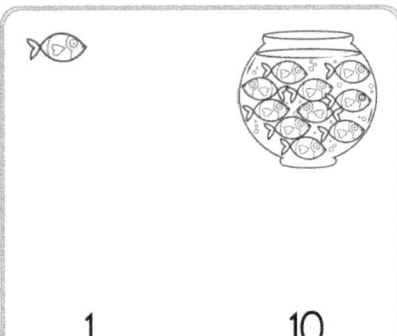

___1___   ___10___

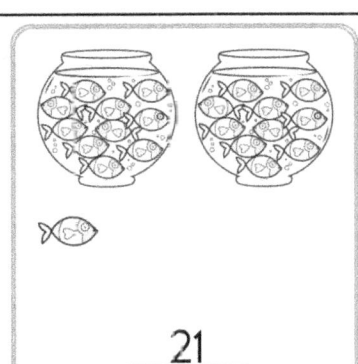

___21___

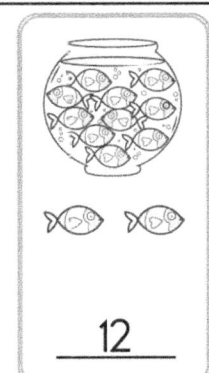

___12___

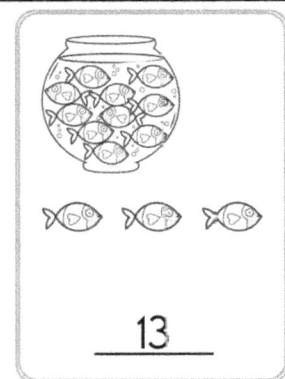

___13___

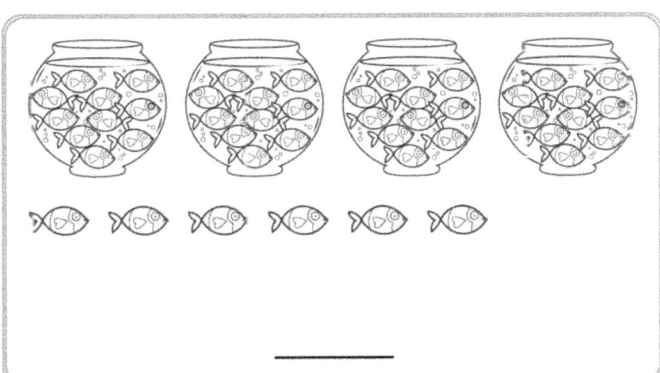

_____

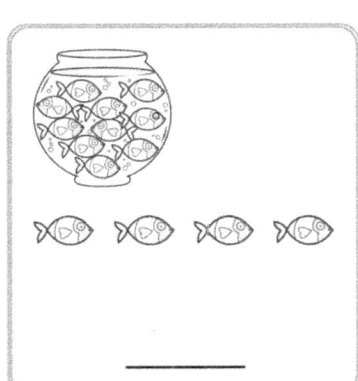

_____

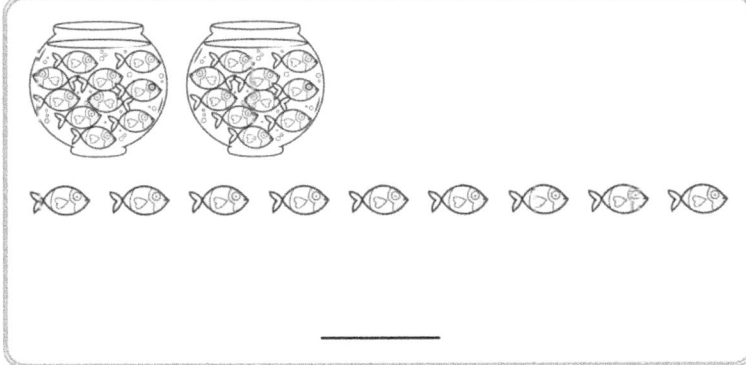

_____

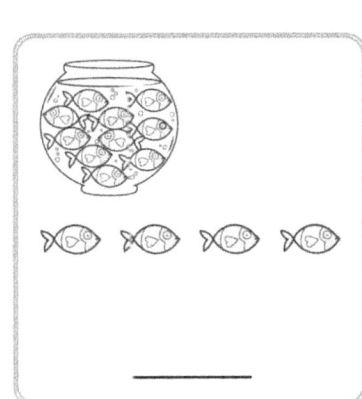

_____

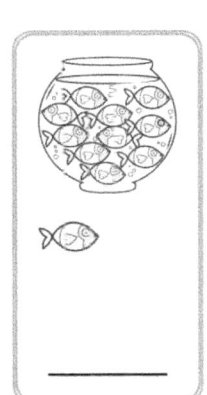

_____

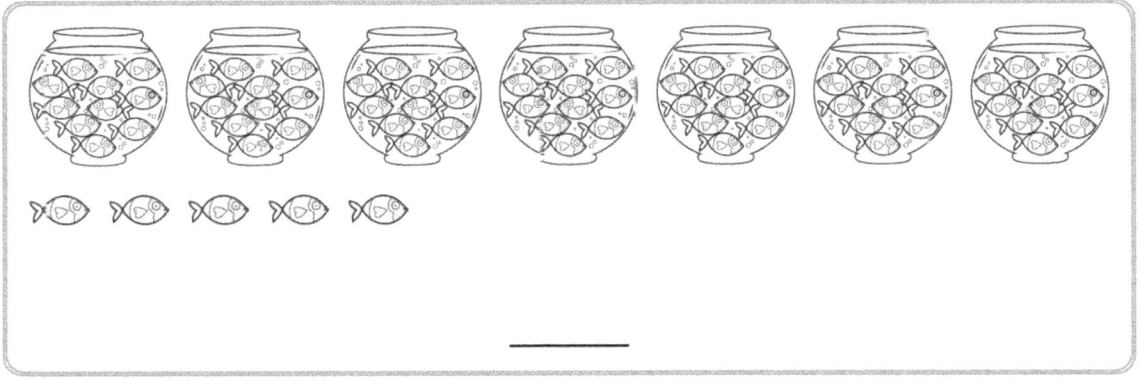

_____

57

Name: _____

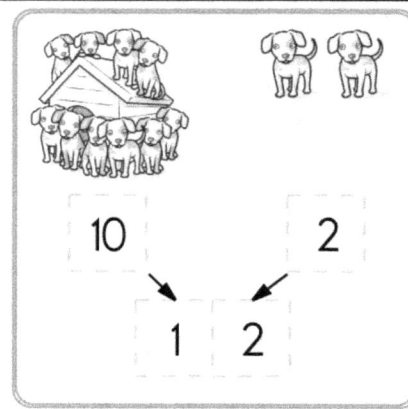

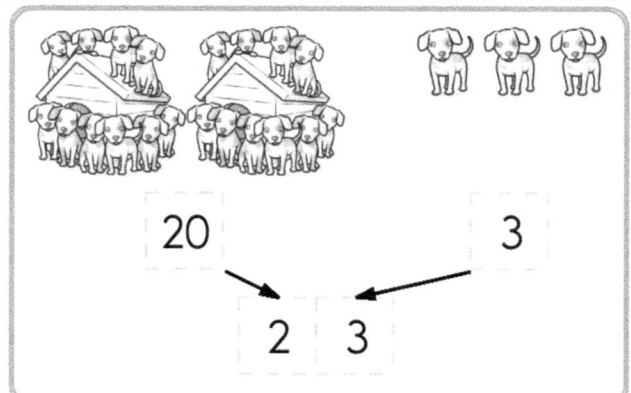

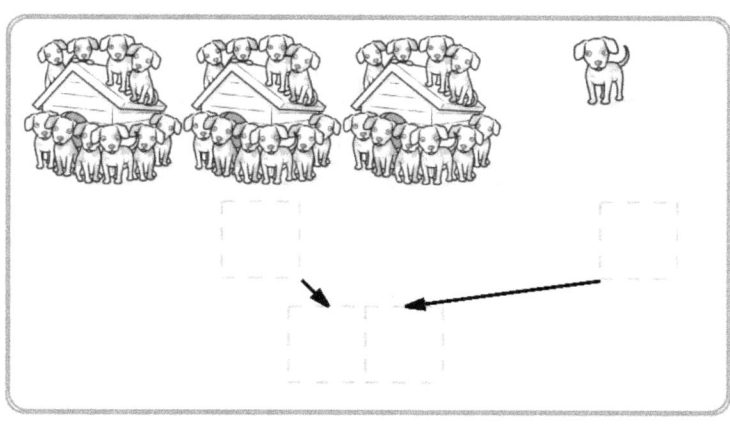

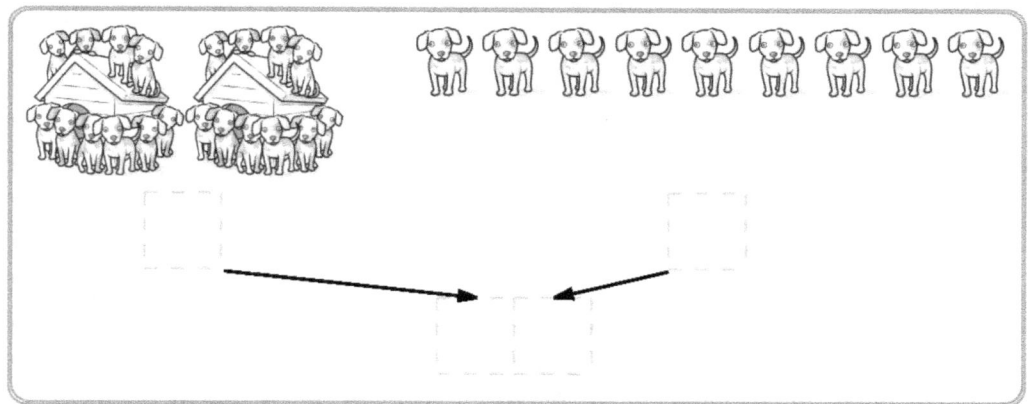

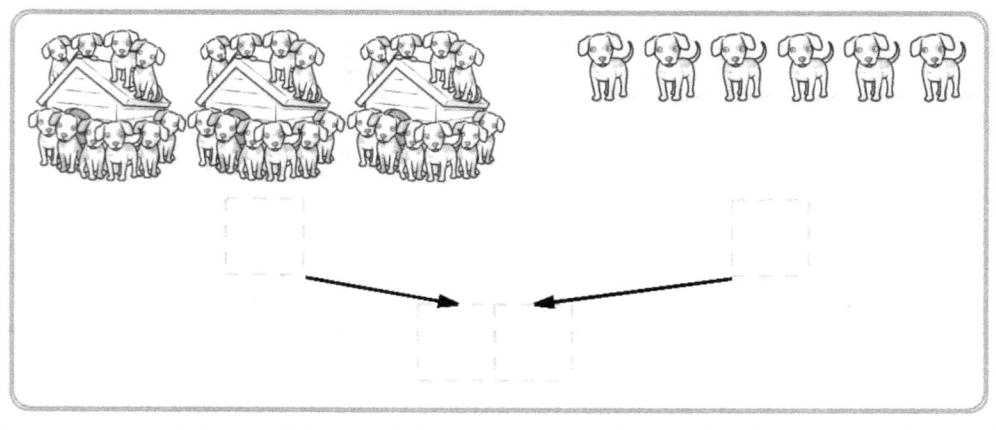

Name: _____

0	1	2	3	4	5
zero	one	two	three	four	five

~~four~~
(one)

one
five

two
one

two
zero

three
four

five
one

1	2	3	4
~~zero~~ (one)	two five	five three	four five

Name: _____

| 6 | 7 | 8 | 9 |
| six | seven | eight | nine |

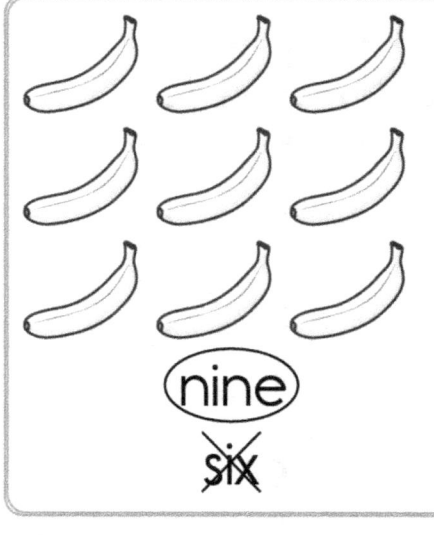
(nine)
~~six~~

seven
eight

seven
eight

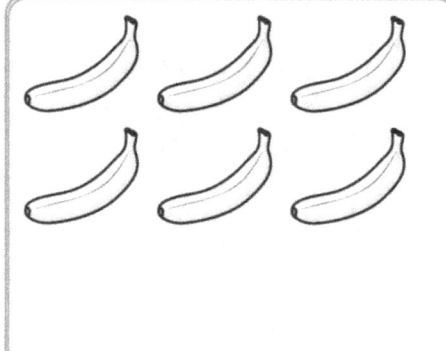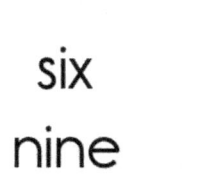
six
nine

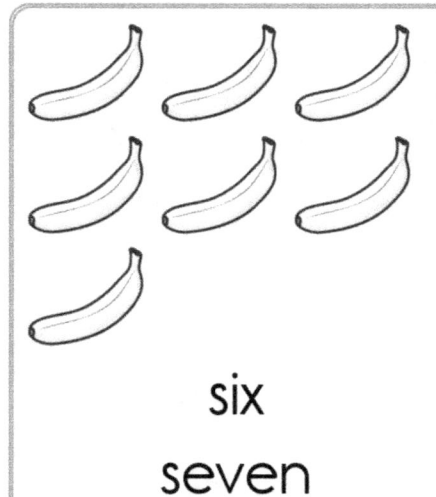
six
seven

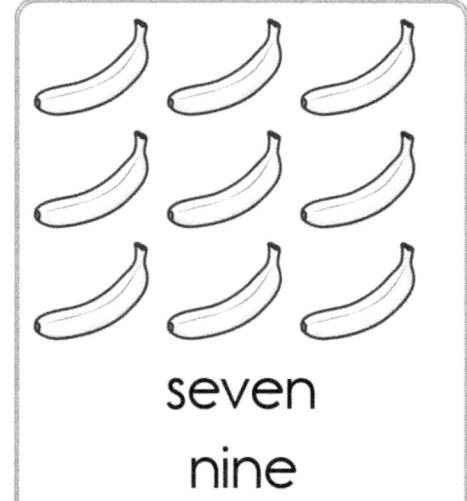
seven
nine

Name: _____

0   1   2   3   4   5   6   7   8   9
zero one two three four five six seven eight nine

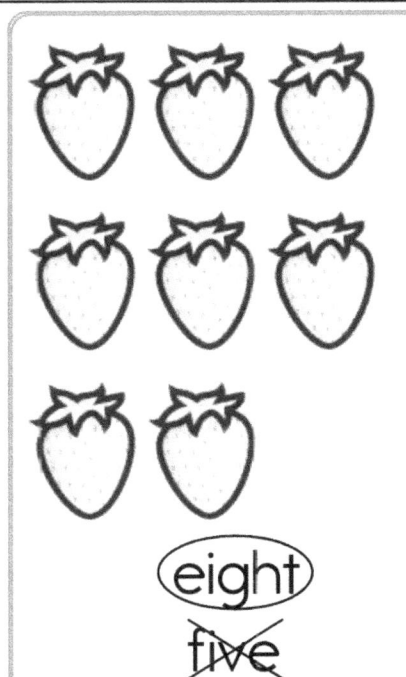

(eight)
~~five~~

one
eight

three
four

six
nine

one
two

eight
five

Name: _____

0	1	2	3	4	5	6	7	8	9
zero	one	two	three	four	five	six	seven	eight	nine

~~two~~
(five)

three
zero

five
one

2	3	9	1
(two)	four	eight	one
~~zero~~	three	nine	nine

8	0	6	4
seven	seven	six	zero
eight	zero	nine	four

Name: _____

0	1	2	3	4	5
zero	one	two	three	four	five

1	(o	n	e)	j	n	s	u	q
5	v	f	i	v	e	v	j	y
3	c	g	t	h	r	e	e	h
2	w	k	g	t	t	w	o	s
0	r	z	e	z	e	r	o	c
4	o	b	f	o	u	r	a	m
2	k	t	o	t	w	o	t	w
5	j	f	i	v	e	i	n	i
3	t	h	r	e	e	w	t	h

Name: _____

6	7	8	9	10
six	seven	eight	nine	ten

10	n	t	z	n	b	(t e n)
7	s	s	e	v	e	n j g
9	i	n	n	n	i	n e w
6	s	b	a	x	z	s i x
8	e	i	g	h	t	h y i
8	e	i	g	h	t	g h e
7	t	i	s	e	v	e n l
6	g	s	i	x	i	u y a
9	z	w	n	n	i	n e e

Name: _____

0	1	2	3	4	5	6	7	8	9
zero	one	two	three	four	five	six	seven	eight	nine

3   t   e   e   (t   h   r   e   e)

5   t   r   f   i   v   e   i   c

2   o   r   c   o   f   t   w   o

8   i   e   i   g   h   t   h   y

1   o   n   e   z   a   j   h   e

6   k   s   m   i   s   i   x   s

0   z   e   r   o   r   b   o   k

7   n   v   s   e   v   e   n   e

4   u   f   o   u   r   u   o   j

Name: _____

0 1 2 3 4 5 6 7 8 9 10

bigger number   **smaller number**

(1) (9)	(2) (8)	(9) 10	3 6
4 5	(3) (0)	10 5	7 9
9 8	8 6	5 7	9 10
10 8	1 6	4 9	10 7
7 6	2 5	10 3	0 6

www.ingramcontent.com/pod-product-compliance
Lightning Source LLC
Chambersburg PA
CBHW080023110526
44587CB00021BA/3755